Salzburg
lieben lernen

Der perfekte Reiseführer für einen unvergesslichen Aufenthalt in Salzburg inkl. Insider-Tipps und Packliste

Jennifer Feenders

✈ INHALT

Das erwartet Sie in diesem Buch

Urlaubszeit ist bekanntlich begrenzt, desto wichtiger ist es, sie sinnvoll zu nutzen und zur besten Zeit des Jahres werden zu lassen. Der erste Schritt in die richtige Richtung ist dabei das Ziel der Reise. Doch um einen abwechslungsreichen Urlaub zu genießen, müssen Sie gar nicht weit fliegen. Ein Blick auf unser Nachbarland Österreich zeigt: Hier werden alle Voraussetzungen für eine entspannte Zeit geboten. Ein besonderes Erlebnis bietet dabei das Bundesland Salzburg mit gleichnamiger Hauptstadt. Hier lässt sich alles erleben, was man sich im Urlaub nur wünschen kann, wobei besonders die eindrucksvolle Natur dazu beiträgt. So können Sie vor der Kulisse der imposanten Alpen entspannt einen Badeurlaub am See verbringen oder sich in die Einsamkeit der Bergwelt zurückziehen, um neue Abenteuer zu erleben. Aber auch Kulturbegeisterte kommen hier auf ihre Kosten.

Seien es landestypische Museen und Ausstellungen mit den Schwerpunkten Bergwelt und Bergbau, eindrucksvolle Mineraliensammlungen und botanische Artefakte oder auch eindrucksvolle Schlösser und Burgen sowie das Geburtshaus von Wolfgang Amadeus Mozart. Gleichzeitig handelt es sich bei Salzburg zwar um keine weltbekannte Modemetropole, aber trotzdem kann die mondäne Frau oder der mondäne Mann auch hier gut verweilen und bekommt ein vielfältiges, ansprechendes Sortiment geboten, das längst über die traditionelle Trachtenkleidung hinausgeht. Dabei ist die Tradition auch ein Anreiz, das Salzburger Land zu besuchen, da diese sich doch sehr von der deutschen unterscheidet. Zum einen ist das Leben hier noch stärker von der landwirtschaftlichen Lebensart geprägt, weshalb der abendliche Almabtrieb zum normalen Bild gehört. Zum anderen werden Sie hier viele einmalige Feste erleben können, die die Geschichte der Region widerspiegeln. Auch Urlauber, für die kulinarische Erlebnisse wichtig sind, werden hier ihre Freude haben. Nicht nur, dass es überall lokale, handgemachte Produkte zu erwerben gibt, auch die landestypischen Spezialitäten überzeugen im Geschmack. So gibt es nicht nur eine eigene Version der Käsespätzle, bekannt unter dem Namen Pinzgauer Kasnocken, sondern auch viele beliebte Mehlspeisen wie den Palatschinken, der einen Nachtisch unumgänglich macht. Nicht zuletzt sind es aber auch die Menschen, die hier leben und stets bemüht sind, jedem einen schönen Aufenthalt zu gewährleisten, die diese Region auszeichnen.

Anfängliche sprachliche Schwierigkeiten verschwinden schnell bei einem selbst gebrannten Schnaps und die Herzlichkeit und Bodenständigkeit der Einwohner lassen einen schnell heimisch fühlen. Darin liegt wahrscheinlich auch der Grund verborgen, weshalb viele Urlauber immer wieder nach Salzburg zurückkehren.

Sehenswürdigkeiten

Salzburg ist eines von neun Bundesländern in Österreich. Es grenzt im Norden an Deutschland, genauer Bayern, und in einem kleinen südlichen Abschnitt an Italien, genauer Südtirol. Weitere Grenzabschnitte teilt sich das Land mit Tirol, Oberösterreich, der Steiermark und Kärnten. Die Fläche des Landes erstreckt sich auf 7.156,03 km^2, die sich 555.221 Einwohner teilen. Die Region ist geprägt von der Bergwelt, die durch die Alpen vertreten ist und deren höchste Erhebung bei 3.657 m über dem Meeresspiegel auf dem Großvenediger liegt. Gleichzeitig machen 101,35 km^2 der Fläche die vielen kleinen Seen aus, die sich über das ganze Land verteilt finden lassen. Fast ganz Salzburg ist dabei dem Nationalpark Hohe Tauern zugeordnet, der die Einzigartigkeit der Natur bescheinigt und gleichzeitig für dessen Schutz sorgt. Schon die Kelten und Römer erkannten dabei die Schönheit des Landes und ließen sich hier nieder, bevor das Land im 6. Jahrhundert an die Bayern überging und seit dem Wiener Kongress 1815 Österreich angehört. Die größten Städte sind die namensgebende Landeshauptstadt Salzburg sowie Zell am See und Mittersill. Erstere befindet sich dabei im Norden und ist auch mit einem internationalen Flughafen ausgestattet, Zell am See liegt sehr zentral, leicht südwestlich am Fluss Salzach und Mittersill noch weiter südwestlich. Ebenfalls erwähnenswert ist die Gemeinde Kaprun, die inzwischen als Ausgangspunkt für viele bekannte Skigebiete internationale Relevanz erlangt hat und ebenfalls im Zentrum von Salzburg liegt.

Wirtschaftlich ist der Tourismus die Haupteinnahmequelle für das Land, sowohl in den Wintermonaten der Skitourismus als auch in den Sommermonaten der Wandertourismus. Ansonsten ist das Land noch sehr landwirtschaftlich geprägt, wobei insbesondere die Rinderzucht als ökonomisch ertragreich gilt.

NATUR ERLEBEN

Wie schon in der Einführung erwähnt ist Salzburg bekannt für seine spektakuläre Natur, die sich für diverse Aktivitäten anbietet. Die Alpen, die das Land prägen, bieten dafür den Ausgangspunkt, aber auch die vielen kleinen Seen besitzen Potential. So kann jeder Urlaubstyp hier das Richtige für sich entdecken. Dass die Natur dort etwas ganz Besonderes ist, verdeutlicht auch die Errichtung des Nationalparks Hohe Tauern, der es zur Aufgabe hat, Menschen darauf aufmerksam zu machen und diesen Lebensraum zu schützen.

Der Nationalpark ist der größte Österreichs und der Alpen und hat eine Fläche von 1.856 km². Ein Großteil der Fläche befindet sich dabei in Salzburg, andere Teile ragen in die benachbarten Bundesländer Tirol und Kärnten hinein. Im Oktober 1971 trafen diese drei Bundesländer die Vereinbarung zur Errichtung, wobei der Nationalpark von Kärnten erst 1981, von Salzburg erst 1983 und von Tirol sogar erst 1991 ausgerufen wurde. Im endgültigen Vertrag von 1994 wurden die Förderung und der Schutz rechtlich festgelegt. Über die Jahre hinweg wurde das zugehörige Gelände immer weiter vergrößert, zuletzt im Jahre 2011 in Kärnten. Die Region ist besonders geprägt durch die vielen Gletscher, welche man auch auf diversen Wanderungen bestaunen kann. Insgesamt gibt es davon 342.

Aber auch die 551 Bergseen und die über 300 Berggipfel zeugen von der Vielfältigkeit und Einzigartigkeit des Naturschutzgebietes. Wer sich näher über die Flora und Fauna dort informieren möchte oder wen die Geschichte der Region interessiert, der sollte eine Besichtigung des Museums Nationalparkwelten in Mittersill einplanen. Das sehr moderne Museum bietet Besuchern jeden Alters die Möglichkeit, den Naturraum auf spannende und interaktive Weise kennenzulernen und die Relevanz zu verstehen.

Des Weiteren gibt es in Hollersbach und Rauris die Möglichkeit, in einer Werkstatt und in einem Museum, spezialisiert auf die Vogelvielfalt der Region, mehr zu erfahren. Größter Besitzer des Nationalparks ist der österreichische Alpenverein, der auch für das gut ausgebaute Wegenetz zuständig ist. Über dessen Webseite erhält man zudem weitere Information zu Wandermöglichkeiten mit genauen Wegbeschreibungen.

Wer sich einen entspannten Urlaub wünscht, der kann sich beispielsweise an einem der oben genannten Seen erholen, mit kleinen Spaziergängen oder wenn das Wetter passt auch mit Schwimmen in kühlen Bergseen. Für Letzteres bietet sich vor allem Zell am See an, der bekannteste Badesee in Salzburg. Aber auch die kleineren Seen wie der Fuschlsee oder der Hintersee bestechen mit Charme und sind meist nicht ganz so überlaufen. Für einen Rundweg bietet sich insbesondere der Mattsee an.

Die Wanderung ist mit 12,3 km nicht besonders lang und auch für Ungeübte gut machbar. Gleichzeitig kann man auch hier am Ende ein erfrischendes Bad am seichten Ufer nehmen und auf dem Weg gibt es zudem einiges zu entdecken. So kommt man am Schloss Mattsee vorbei, das im Jahre 1100 von Bischöfen aus Passau auf einem kleinen in den See hineinragenden Berg gebaut und 1949 von der Gemeinde Mattsee erworben wurde. Nach aufwändigen Renovierungsarbeiten im Jahre 1996 kann man das Schloss heute besichtigen und sich vor allem in dem Schlosscafé stärken. Deshalb bietet das Schloss auch den idealen Ausgangspunkt für Wanderungen. Aber auch ein Besuch am Morgen lohnt sich bereits, denn das Frühstück im Café ist sehr zu empfehlen, da es nicht nur mit dem tollen Ausblick, sondern auch mit hervorragenden Speisen besticht. Ein weiteres Highlight des Rundweges ist zudem die Kapelle von Gebertsham, die ebenfalls zu einer kleinen Pause einlädt, um die Landschaft zu genießen.

Wer sogar ganz ohne Anstrengung einen majestätischen Ausblick erleben möchte, der kann auch einfach mit technischer Unterstützung diverse Berge erklimmen. Am besten geht das auf denen von Kaprun aus. Hier starten diverse Seilbahnen und Gondeln, die ihre Gäste sicher bis an die Spitze bringen. Am beliebtesten ist dabei das Kitzsteinhorn, das Teil der Glocknergruppe ist und eine Höhe von 3.203 m erreicht. Hier kann man sich einfach mit guten Speisen im Restaurant ein wenig die Zeit vertreiben, wobei einem natürlich von vornherein bewusst sein sollte, dass diese aufgrund der vielen Touristen nicht ganz preiswert sind. Alternativ lässt sich hier aber besonders für Actionbegeisterte einiges erleben.

Neben diversen Wanderwegen in allen Schwierig-
keitsstufen, die auch gut beschildert und mit Zeit-
sowie Kilometerangaben versehen sind, kann man
auf dem Gletscher auch das ganze Jahr über Ski fahren, was besonders im Sommer durchaus ein kurio-
ses Erlebnis ist.

Auch das Mountainbiken ist hier möglich, mit
vielen extra ausgelegten Routen, sogar welche für E-
Bikes werden angeboten. Aber der Berg ist noch weiter erschlossen und mit mehr Freizeitbeschäftigun-
gen bestückt. So gibt es besonders für jüngere Kinder interessante Abenteuerspielplätze, aber auch
eine Sommerrodelbahn, an der auch der ein oder andere Ältere seinen Spaß haben wird. Zusätzlich gibt
es noch einen eigenen kleinen Freizeitpark mit
Hüpfburgen, Rutschen und vielem mehr. Wer im
Winter herkommt, der kann neben Ski fahren noch
weitere Attraktionen erleben, wie das Ice Camp mit
Iglus, Eiskunst und es gibt sogar einer Bar, die komplett aus Eis gehauen ist.

Auch werden Touren für Schneeschuhwande-
rungen angeboten, die man zusammen mit einem
Guide erleben kann. Oder aber man kommt nur als
Zuschauer auf den Berg und lässt sich von Profis auf

Skiern und Snowboards begeistern, die ihr Können jeden Montagabend bei einer Night Show präsentieren.

Ein ebenfalls spektakuläres Naturphänomen, das auch über die Grenzen Salzburgs hinaus Bekanntheit genießt, sind die Krimmler Wasserfälle. Diese befinden sich am Rand des Ortes Krimml und besitzen eine Fallhöhe von insgesamt 385 m, wodurch sie sich als höchste Wasserfälle in ganz Österreich etabliert haben. Dabei stürzt ein Gletscherbach, die Krimmler Ache, ins Achental hinab, bevor er später in den Inn mündet. Mit durchschnittlich 400.000 Besuchern pro Jahr bilden die Wasserfälle eine der größten Touristenattraktionen in Österreich und wurden 1967 mit dem europäischen Naturschutzdiplom des Europarates ausgezeichnet.

Hier muss man dementsprechend darauf gefasst sein, nicht allein auf den Wegen verweilen zu können. Schon bei der Anreise muss man bedenken, dass die kostenpflichtigen Parkplätze begrenzt sind, weshalb sich eine frühe Anreise lohnt. Das Benutzen der Wege ist ebenfalls kostenpflichtig, kann aber mit einem Besuch der Wasserwelten, einem Museumsbesuch rund um Wasser und den Krimmler

Wasserfällen kombiniert werden. Der Weg bis nach ganz oben ist teilweise etwas steil, aber durchgehend befestigt und auch für ungeübte Wanderer leicht zu begehen. Zwischendurch warten immer wieder Aussichtskanzeln auf die Besucher, von denen man spektakuläre Fotos des herabstürzenden Wassers machen kann.

Auf Mitte des Weges erwarten einen dann ein Restaurant und ein Kiosk mit Speisen und Getränken zur Stärkung sowie ein flaches Wasserbecken. An diesem lässt sich auf den Steinen eine kleine Pause einlegen und bei gutem Wetter ein wenig mit den Füßen durchs Wasser waten. Insbesondere für Kinder bietet der Weg somit eine spannende Abwechslung. Wer es etwas ruhiger haben möchte und die Aussichtskanzeln nicht vermisst, der sollte den alten Tauernweg ausprobieren.

Dieser ist kostenlos, der Einstieg allerdings nicht allzu leicht zu finden. So muss man noch vor dem Kassenhäuschen einen der kleinen versteckten Trampelpfade im Gebüsch entdecken und diesem folgen. Schnell kommt man dann auch hier auf einen richtigen Wanderweg, der aber deutlich schwieriger ist und nur mit entsprechendem Schuhwerk begangen werden sollte. Sowohl an der Mittelstation als auch ganz oben kann man aber auf den ausgelegten Weg wechseln. Alternativ kann man sich auch mit einem Shuttlebus bis nach oben fahren lassen, beziehungsweise sich von diesem nach unten mitnehmen lassen. Das ist aber nur interessant, wenn man den Weg tatsächlich nicht schafft, da man sonst zu viel verpasst. Von oben lässt es sich auch noch weiter wandern, zum Beispiel zum Alten Tauernhaus, allerdings gibt es hier keine Rundwege, weshalb man bereit sein muss, denselben Weg zurückzugehen. Die Strecken hier sind auch nicht allzu schwierig, erfordern allerdings mehr Kondition durch die Länge. Wer diese besitzt, kann aber auch noch zur Warendorferhütte oder zur Richterhütte weitergehen. Beide Wanderungen dauern bei einem zügigen Gang allerdings pro Strecke fünf bis sechs Stunden. Alternativ könnte man bei den Hütten im Voraus eine Übernachtungsmöglichkeit anfragen. Weitere Informationen zu Hüttenübernachtungen finden sie im Kapitel *Tipps für Anreise und Übernachtung.*

Wer sich ganz dem Wandern widmen möchte, der kann dies aber auch abseits der großen

Touristenmassen tun. Eine einfache Wanderung, die sich auch gut für Familien mit Kindern eignet, ist dabei der Smaragdweg, der in Bramberg startet. Auch hier gibt es wieder direkt am Ausgangspunkt einen Parkplatz, allerdings auch wieder kostenpflichtig. Der Weg führt dann durch das Habachttal bis zum Gasthof Alpenrose. Er ist gut ausgeschildert und einfach zu begehen. Die Steigung ist auch stets sehr seicht. Interessant ist besonders die Gestaltung des Weges. Überall gibt es Schilder, welche auf Phänomene, Tiere oder Pflanzen hinweisen und auch kindgerecht gestaltet sind.

Zudem ist der Weg auch als Lehrpfad angelegt, weshalb es verschiedenste kleine Anhaltspunkte gibt, an denen Fernrohre installiert sind oder andere diverse Gerätschaften, mit denen man physikalische Gesetze einfach verstehen und nachvollziehen kann. Zudem wird das Habbachttal von kleinen Bächen durchkreuzt, die ins Wegenetz miteinbezogen wurden. So gibt es viele kleine Brücken oder seichte Stellen, die für Abwechslung sorgen. Am Alpengasthof lässt sich dann eine Pause einlegen und bei einer zünftigen Brotzeit wieder zu Kräften kommen. Trotz der touristischen Auslegung ist der Weg auch nicht allzu sehr überlaufen und besonders abseits der Hauptsaison ist es sehr ruhig dort. Wer noch genügend Kondition hat und früh genug losgelaufen ist, der kann den Smaragdweg auch nur als Einleitung der eigentlichen Wanderung sehen.

Denn wenn man nach dem Gasthof weiterläuft, ist man nicht nur schon bald ganz allein unterwegs, der Weg wird auch deutlich anspruchsvoller. Bis zur Neuen Thüringer Hütte kann man so gehen. Dabei muss man nach einiger Zeit auf den Noitroisteig wechseln, der steil bergauf führt und an einigen Stellen auch mit Seilen als Unterstützung ausgestattet ist. Die Hütte bietet auch Übernachtungsmöglichkeiten, da man sonst denselben Weg zurückgehen müsste, allerdings ist dies durch die Abwechslung gut machbar. Einplanen sollte man für die ganze Strecke dann aber schon zehn Stunden, zumindest wenn man sich nicht hetzen, sondern die Natur auch genießen möchte.

Ein Wanderweg, welcher sich vom Schwierigkeitsgrad her ins Mittelfeld einordnen lässt, ist die Wanderung am Enzinger Boden um den Weißsee herum. Da man hier mit einer Gondel hochfährt, besitzt die Strecke etwas weniger Höhenmeter, jedoch ist sie aufgrund ihrer Länge und den durchaus schwierigeren Wegpassagen nicht für Ungeübte geeignet. Der Weg ist ausgeschildert und führt zu Beginn sowie am Ende direkt am Ufer des Sees entlang, entfernt sich aber zwischenzeitlich etwas davon.

Dafür bekommt man aufgrund der Höhe auch eine Gletscherlandschaft geboten. Den Abstecher zu einem kleinen Gletschersee sollte man deshalb keineswegs auslassen, ist dieser doch nur wenige Meter länger und bietet dafür eine wunderschöne Kulisse. Auch im Sommer kann man so am Enzinger Boden Wintergefühle aufkommen lassen und sich an den glitzernden Eisblöcken, die häufig auf dem Wasser treiben, erfreuen. Bereits der Hinweg führt vereinzelt über Schneefelder, weshalb auch hier gutes Schuhwerk und Trittsicherheit zu empfehlen sind.

Der Rückweg hingegen führt durch eine hügelige Weidelandschaft, die nur an wenige Stellen an die kargen, rauen Alpen erinnert. An einer Stelle ist der Weg nur über Leitern begehbar, weshalb die Mitnahme von Kindern oder Tieren vorher bedacht werden sollte. Wenn man wieder unten ist und sich nach einem Erinnerungsstück dieser Tour sehnt, sollte man an der kleinen Hütte am Wegesrand anhalten, an der man zwangsläufig bei der Rückfahrt vorbeikommt. Hier werden selbstgehauene kleine Kristalle und Mineralien von dort und aus der Umgebung angeboten, die sich auch als ein schönes Mitbringsel eignen.

Natürlich sollen aber auch erfahrene und geübte Wanderer in Salzburg auf ihre Kosten kommen. Dafür bietet sich der Tauernkogel an. Dieser liegt im Tennengebirge im Bezirk St. Johann im Pongau und misst eine Höhe von 2.247 m. Am Hintersee befindet sich ein Parkplatz, an dem der Wanderer sein Auto abstellen kann, alternativ steht aber auch ein Nationalpark-Wanderbus zur Verfügung. Von dort aus kann man zuerst durchs Tal wandern, am See vorbei und nur mit leichter Steigung. Die Wege sind hier noch breiter und der Untergrund bildet vorwiegend Schotter. Am Felber Bach entlang wird der Weg dann anspruchsvoller und die Mitwanderer werden weniger.

Schon bald geht es links ab zum Geißstein auf 1.614 m Höhe. Der Anstieg wird nun anspruchsvoll, doch nicht allzu lang. Ab dem Naßfeld, wenn man die 2.000-Meter-Marke passiert hat, wird der Weg wieder weniger steil und man kann den weitflächigen

Ausblick genießen. Nun geht es weiter bis zur St. Pöltner Hütte auf 2.481 m auf dem Felber Tauern. Der Weg dorthin bleibt steinig und durchgehend mit weiter Sicht.

An der Hütte angekommen kann sich der ehrgeizige und ausdauernde Wanderer noch an den Aufstieg auf den Tauernkogel begeben, welcher nochmal 500 Höhenmeter und ein gutes Stück anspruchsvollen Weges weiter entfernt liegt. Aufgrund der Höhe und des häufigen Schneeaufkommens, auch während der Sommermonate, sollte auf jeden Fall an warme Funktionskleidung bei der Besteigung gedacht werden, denn spätestens dort oben wird man sie brauchen. Wer seine Tour auf einen Tag beschränken möchte, kehrt nun um und geht auf demselben Weg zurück. Am Naßfeld kann man sich dann rechts halten und einem alternativen Weg zurück ins Tal folgen. Wer aber Lust auf ein richtiges Bergabenteuer hat, der kann seine Wanderung auf vier Tage ausweiten und eine Übernachtung in der sehr liebevoll und gemütlich eingerichteten St. Pöltner Hütte einlegen.

Diese hat von Juni bis September geöffnet, allerdings sollte man sich trotzdem vorher vorsichtshalber erkundigen, ob eine Übernachtung möglich ist. Wenn dies der Fall ist, kann man nach einem landestypischen, deftigen Abendessen die Nacht genießen und am frühen Morgen wieder aufbrechen.

Weiter geht es am zweiten Tag dann zum Venedigerhaus auf 1.689 m, am Innergschlöß. Auch hier lässt es sich mit traditionellem Flair übernachten. Auf der vorletzten Etappe geht es dann nochmal rauf auf 2.897 m. Dabei passiert man zuerst die Alte Prager Hütte und den Eissee, bevor man an die Neue Prager Hütte gelangt. Bevor man hier einkehren kann, muss aber noch der Kesseltörl bezwungen werden, der noch etwas höher liegt. Wenn auch dieser Gipfel erklommen wurde, kann man sich in der Hütte zur Ruhe legen, bevor es am nächsten Tag an den Abstieg geht.

Dieser verläuft dann wieder über das Innergschlöß, von wo aus man mit dem Nationalpark-Wanderbus zurück ins Tal fahren kann oder auch bis zu seiner Unterkunft. Wer geübt ist, kann die Etappen zwei und drei auch zusammenlegen und sich so eine Übernachtung sparen. Dann geht man über den Venediger-Höhenweg und benötigt ungefähr acht

Stunden reine Gehzeit.

Für besonders ambitionierte Wanderer ist natürlich der höchste Berg in Salzburg ein besonderer Anreiz. Der Großvenediger kommt auf eine Höhe von 3.657 m und ist damit auch der höchste Berg in den Hohen Tauern. Er liegt an der Grenze zu Osttirol und wurde 1828 zum ersten Mal bestiegen. Durch den Gletscherschwund der letzten Jahre ist die Höhe deutlich geringer als früher, wo sie noch über 20 m höher war, da der Gipfel bereits völlig ausgeapert ist, was bedeutet, dass der unter dem Eis liegende Boden bereits zu Tage getreten ist.

Die Besteigung ist von drei Seiten aus möglich, der Nord-, Ost- und Südseite, wobei nur der Aufstieg über die nördliche Flanke in Salzburg liegt. Dieser Aufstieg ist zwar etwas weniger besucht und unbekannter, steht den anderen aber ansonsten in nichts nach. Mit dem Auto kann man bis zum Gasthof Siggen in Sulzau fahren und von dort loswandern. Alternativ kann man sich auch noch mit dem Hüttentaxi bis zur Kürsingerhütte mitnehmen lassen, wenn man die Wanderung etwas verkürzen möchte. Ansonsten nimmt man zu Fuß vorher die Berndlalm und die Postalm über den Güterweg mit und genießt noch eine entspannte Strecke mit seichter Steigung und gut begehbaren Wegen. Von der Kürsingerhütte an wird es dann deutlich steiler und anstrengender. Ab hier sollten nur noch erfahrene Wanderer weitergehen, die auch entsprechend ausgerüstet sind, da man nicht nur ein Gletscherfeld durchqueren, sondern auch einen Grat bewältigen muss, bei dem Trittsicherheit unumgänglich ist. Nach Erreichen des Gipfelkreuzes wird man dafür mit einer grandiosen Aussicht belohnt, die die Strapazen vergessen lassen. Der Abstieg erfolgt hier ebenfalls über den Hinweg. Insgesamt sollte man auch hier früh genug starten und ausreichend Zeit einplanen, da man neun bis zehn Stunden unterwegs ist.

Eine Alternative zum klassischen Wandern bietet noch der Großglockner an. Hier kann man mit dem Auto die Hochalpenstraße entlangfahren und immer wieder anhalten, um die spektakuläre Aussicht zu genießen. Gleichzeitig bietet aber auch der Großglockner verschiedenste Wanderungen an, die aber auch touristisch mehr erschlossen sind und vor allem von einfachen Schotterwegen geprägt sind. Wer nur einen kleinen Spaziergang machen möchte, um den Rest mit dem Auto zu erkunden, der ist hier richtig. Ansonsten bieten sich leichte Wanderungen speziell für Kinder an, bei denen, ähnlich wie am Kitzsteinhorn, auch für den Spaßfaktor gesorgt wird.

Zum Abschluss des Kapitels sei noch einmal die Sicherheit in den Bergen angesprochen. Wie bereits zu Anfang erwähnt handelt es sich um ein Naturschutzgebiet, welches zwar touristisch erschlossen ist, um den Menschen die Natur näherzubringen, aber trotzdem noch ein natürlicher Lebensraum ist. Das heißt zum Ersten, dass dieser Lebensraum schützenswert ist und es an jedem Einzelnen liegt, keine Abfälle etc. zurückzulassen. Zum anderen ist jeder für seine eigene Sicherheit verantwortlich. Das bedeutet, dass man niemals unvorbereitet in die Berge gehen sollte und immer entsprechend ausgerüstet sein muss. Auch sollte man nie seine eigenen Fähigkeiten überschätzen und die Touren realistisch planen. Im Notfall sollte die Möglichkeit bestehen, eine Bergrettung übers Handy zu erreichen.

Ein Ziel zum Abschluss, welches zwar nur entfernt etwas mit Natur zu tun hat, ist die Sommerrodelbahn am Dürrenberg. Hierhin kann man auch die ein oder andere kleine Wanderung unternehmen oder aber mit dem Auto oder öffentlichen

Verkehrsmitteln von Salzburg aus hinfahren und mit dem Sessellift den Berg hinaufgleiten. Der Spaß kommt hier nämlich bei der Fahrt ins Tal auf. Mit 2,2 km zählt die Sommerrodelbahn zu den längsten Europas und bietet besonders für Jüngere ein tolles Erlebnis, das man für wenige Euro in Anspruch nehmen kann.

Städte entdecken

Neben dem sportlichen Vergnügen in einer natürlichen Umgebung bietet Salzburg aber natürlich auch die Möglichkeit, neue Städte zu erkunden. Auch hier kann man viel lernen, indem man sich die historische Entwicklung und architektonische Entfaltung von den größeren Städten, aber auch den kleineren Gemeinden ansieht. Zudem lässt es sich in Salzburg auch ganz gepflegt einkaufen und der modebewusste Urlauber braucht keine Sorge zu haben, keine adäquaten Geschäfte vorzufinden. Denn obwohl es in Salzburg keine weltlich anerkannten Modemetropolen gibt, hat auch hier die Globalisierung Einzug gefunden und neben kleineren österreichischen Marken kommen auch die bekannten Marken auf einige Quadratmeter Ladenfläche. Zusätzlich gibt es aber eben auch noch sehr viele traditionelle Geschäfte, was mit der Entwicklung zusammenhängt. Bevor im Folgenden also die großen Städte einzeln vorgestellt werden, ist es ratsam, erst einmal einen allgemeinen Überblick zu bekommen.

Salzburg hat sich aufgrund von natürlichen Gegebenheiten und auch aus politischen Gründen anders entwickelt als so manche Region in Deutschland. Durch die Berge war das Land nach Norden hin komplett abgeschnitten und auch in die anderen Himmelsrichtungen befand es sich abgegrenzt durch eine kesselartige Lage. So hat sich das Land relativ unabhängig vom Rest entwickelt und ist sehr traditionell geblieben, auch weil die Infrastruktur selbst in heutigen Zeiten nicht ausreichend ausgebaut ist. In frühester Zeit haben sich die Menschen auf die Land- und Viehwirtschaft konzentriert, um ihr eigenes Überleben zu sichern. Industrie gab es in Salzburg nie und wird es wohl auch zukünftig nicht geben. Aus den bäuerlichen Kleinbetrieben haben sich mit der Zeit natürlich auch größere spezialisierte Betriebe gebildet und zudem wurden in den Gemeinden auch andere Geschäfte für den alltäglichen Bedarf geöffnet. Bereits Ende des 19. Jahrhunderts kam es durch verschiedene PR-Maßnahmen zu einem ersten touristischen Andrang.

Als im Jahre 1909 die neue Alpenbahn, die heutige Tauernautobahn, eröffnet wurde, welche Süddeutschland mit Salzburg verband, brachte dies auch vermehrt ausländische Besucher ins Land, die die Alpen einmal von der anderen Seite aus erkunden wollten. Im ersten und Zweiten Weltkrieg ist dies natürlich eingebrochen, jedoch wurden schon 1920 die Salzburger Festspiele etabliert, die auch heute noch weltweit als bedeutendes Festival für klassische Musik stehen und jede Menge Touristen, damals wie heute, anziehen (*dazu mehr im Kapitel Kultur*).

Nach dem Zweiten Weltkrieg kam noch die Wiedergründung der Universität Salzburg im Jahre 1962 und die Erhebung des Mozarteums zur Hochschule für Schauspiel, Musik und Kunst den Einwohnern zu Gute und machte die Region auch im eigenen Land attraktiver. Trotzdem sind viele Dörfer nur zu

Gemeinden herangewachsen und nicht zu großen Städten, was natürlich neben der historischen Entwicklung auch mit dem natürlichen Bevölkerungswachstum zusammenhängt.

Dafür hat der Tourist heute die Möglichkeit, sowohl große Städte als auch kleinere Gemeinden zu besuchen, wobei beides seine Vorteile besitzt. In großen Städten lässt sich natürlich deutlich mehr über den alltäglichen Bedarf hinaus einkaufen, es gibt ein großes kulturelles und kulinarisches Angebot, aber es ist auch sehr voll und laut und manch einer wird die Übernahme der kleinen Geschäfte von großen Marken vielleicht auch als störend empfinden. Die Gemeinden hingegen bieten nur vereinzelt Geschäfte. Stets wird Ihnen ein Lebensmittelmarkt begegnen, häufig tatsächlich nur eine Art kleiner Krämer Laden, da die großen Supermärkte nur an der Hauptstraße außerhalb vertreten sind.

Hier ist es jedoch nicht allzu empfehlenswert, einzukaufen, da die Preise in den meisten Fällen sehr erhöht sind. Zudem gibt es stets einen Bäcker, der traditionelle Ware vertreibt und entweder dort oder im Krämer Geschäft werden Sie auch andere heimische Produkte wie frische Milch, Eier und Käse finden, die direkt von einem der benachbarten Höfe kommen. Frischer geht es kaum. Zusätzlich kann es noch weitere, diverse kleine Geschäfte geben, häufig ist noch eins für Outdoor-Ausrüstung dabei, was mit der touristischen Nutzung der Region zusammenhängt. Wenn Sie durch das Dorf geschlendert sind und die meist schon sehr alten Gebäude bewundert haben, dann können Sie sich in einem Gasthof stärken. Einen werden Sie in jeder Gemeinde vorfinden und dieser bietet sowohl Kaffee und Kuchen am Nachmittag als auch deftige, traditionelle Speisen am Abend an. So können Sie ganz in Ruhe Landluft schnuppern und kommen vor allem leichter mit Einheimischen ins Gespräch.

Im Folgenden nun eine Auflistung der empfehlenswerten, zu besuchenden Städte.

SALZBURG

Die gleichnamige Landeshauptstadt ist Pflicht bei einem Besuch der Region. Sie ist mit 154.211 Einwohnern nicht nur die am stärksten besiedelste Fläche, sondern kommt auch durch ihr kulturelles Erbe am nächsten an eine große Metropole heran.

Salzburg liegt dort, wo früher die römische Stadt Iuvavum stand. Diese keltische Siedlung wurde im 15. Jahrhundert vor Christus von den Römern besetzt und erlebte unter Kaiser Claudius eine Epoche des Aufschwungs, bevor sie 171 von germanischen Invasoren vollständig zerstört wurde und niemals wieder auf eine solche Größe herangewachsen ist. Diese historische Vergangenheit kann man heute an einigen Stellen in Salzburg noch vorfinden, wenn man beispielsweise in der Kaisergasse, dem Furtwänglerpark oder am Max-Reinhardt-Platz vorbeigeht. Überall dort stehen Funde, die unter Denkmalschutz gestellt sind und bei Ausgrabungen entdeckt wurden, wie Steine, Stücke von Säulen oder Ähnlichem.

Leider sind diese Ausstellungsstücke rar, denn man fand nicht viel unter der Erde von Salzburg. Die einzige große Ausgrabung, die es je gab, befand sich unter dem heutigen Residenzplatz, wo man eine Stadtvilla, das sogenannte Peystillhaus, ausgrub und untersuchte. Aber auch ohne bedeutende Römerfunde gibt es in der Stadt genügend zu entdecken. Später war Salzburg lange Zeit Bayern unterstellt und begann dort zu einer florierenden Stadt heranzuwachsen. Seit der großen Schlacht bei Mühldorf im Jahre 1322 begann jedoch die Verfeindung und die Stadt war auf sich gestellt und wurde im Folgenden von verschiedensten Erzbischöfen regiert. Während des Dreißigjährigen Krieges konnte sich die Stadt heraushalten und sich zu eine der besten gesicherten Städte Europas etablieren.

Leider wurden die groß angelegten Mauern und Sicherungsanlagen im 19. Jahrhundert abgerissen, da deren Wert geschwunden war. In der Residenzstadt gediehen zahlreiche Barockkirchen, von denen noch heute viele zu besichtigen sind. Zwischenzeitlich etablierte sich Salzburg unter Österreich zu einem Kurort und insbesondere die erste Bahnlinie zwischen Wien und Salzburg sowie Salzburg und München, die im Jahre 1860 entstand, brachte die Tourismusbranche nach vorn. Den Ersten Weltkrieg überstand die Stadt relativ unbeschadet, im zweiten wurden große Teile durch amerikanische Flieger-bomben zerstört. Allein durch die Kapitulation konnten schlimmere Schäden verhindert werden und die Stadt sich in den 1960er Jahren wieder schneller regenerieren.

Heute wird Salzburg in 24 Stadtteile gegliedert, mit drei angrenzenden Landschaftsräumen. Den historischen Kern der Stadt bildet dabei die Altstadt links und die Altstadt rechts, die im Zentrum Ihres Besuches stehen sollten. Zudem wird die Stadt von der Salzach durchkreuzt, die mitten durch die Stadt fließt und ebenfalls für ein besonderes Flair sorgt. Mit über drei Millionen Übernachtungen im Jahr 2017 nimmt die touristische Abhängigkeit immer weiter zu und die ansehnliche Stadt wird gerade in den Sommermonaten regelmäßig von Touristen überflutet.

Sollten Sie sich trotzdem auf den Weg machen, was absolut empfehlenswert ist, dann bietet es sich an, alle möglichen Tickets für verschiedene Sehenswürdigkeiten bereits im Voraus online zu buchen. Ansonsten ist es auch immer eine gute Möglichkeit, einfach ein wenig durch die Stadt zu schlendern und sich die Architektur anzuschauen sowie einen guten

Kaffee auf einem der beliebten Plätze zu trinken. In der Stadt gibt es Gebäude im Stil der Romantik und Gotik, welche sich insbesondere in der Sigmund-Haffner-Gasse erkennen lassen, die zum Rathaus führt.

Auch die Renaissance und der Barock wurden hier in Gebäuden verewigt, wofür es zahlreiche Beispiele gibt, da man versucht hat, die mittelalterliche Stadt komplett in eine Renaissance Stadt umzuwandeln. Sie können sich beispielsweise das Universitätsgebäude ansehen oder den ehemaligen Festungsgürtel. Dieser ist besonders interessant, weil hier die Häuser in den Felsen gehauen wurden. Er befindet sich unterhalb des Festungsberges im Nordwesten der Stadt.

Wer nach Beispielen der klassischen Moderne und Nachkriegsmoderne sucht, der kann am Zahnwurzenhaus in der Linzer Gasse vorbeischauen oder am Großen Festspielhaus, welches von Clemens Holzmeister gebaut und 1960 eröffnet wurde und als Paradeexemplar dieser Zeit dient. Zeitgenössische Architektur hingegen findet man in der Priesterhausgasse vor oder kann bei einem Besuch des Wohn- und Atelierhauses der Künstler Christine und

Horst Lechner bewundert werden.

Die eigentlichen Sehenswürdigkeiten wurden aber schon etwas früher erbaut und wenn Sie etwas mehr Zeit mitbringen, dann sollten Sie diesen auch einen Besuch widmen. Durch die Regierung eines Erzbischofs, der zudem häufig in der Stadt verweilte, gibt es in Salzburg eine hohe Anzahl von Kirchen und Klöstern. Zu den sehenswertesten zählt die Stiftskirche Sankt Peter, das älteste bestehende Kloster im deutschsprachigen Raum aus dem Jahre 1143. 2019 wurde diese nach aufwendigen Restaurierungsarbeiten wiedereröffnet und erstrahlt nun in ihrer ganzen Pracht. Die Klosteranlage liegt am Fuße des Mönchsberges und kann besichtigt werden. Besonders das innere Kirchenschiff und die barocken Wand- und Deckenbilder sind berühmt und inzwischen steht das Kloster auch auf der UNESCO Liste des Weltkulturerbes.

Auch der Klostergarten lädt zur Ruhe und Erholung ein und bietet besonders im Sommer ein schattiges Plätzchen. Am Rande der Altstadt befindet sich allerdings noch ein weiteres Kloster, das dem vorigen in nichts nachsteht: Die Stiftskirche Nonnberg in der Frauen-Klosteranlage der Benediktiner. Es zählt ebenfalls zum UNESCO-Weltkulturerbe und wurde im ersten und zweiten Jahrhundert nach Christus gebaut. Dabei handelt es sich bei der Kirche um eine dreischiffige gotische Basilika mit einem romantischen Turm im Westen.

Ein besonderes Highlight sind hier die Glasfenster der Aspis hinter dem Hauptaltar. Die erste Barockkirche nördlich der Alpen war der Salzburger Dom, den Sie ebenfalls besuchen sollten. Die Anfänge dieses Bauwerkes wurden bereits 774 nach Christus vollendet. Die Fassade erstrahlt heute im weißen Marmor und auch der Innenraum ist farblich recht schlicht gehalten. Dafür gibt es unzählige Fresken, die verschlungene, runde Formen zeigen, wie es für diese Epoche üblich war. Einzig die Kuppel kommt noch mit dezenten bunten Farbtönen aus und zeigt in 72 m Höhe Szenen aus dem Alten Testament.

Wer nach diesen Kirchen und Klöstern noch Lust auf mehr hat, der findet noch eine weitere große Auswahl in Salzburg vor, diese drei eben genannten bilden aber den Pflichtteil davon. Zu empfehlen ist ansonsten für Interessierte noch die Kollegienkirche, ein Hauptwerk des Barockmeisters

Johann Bernhard Fischer von Erlach aus dem Jahre 1707 und die heutige Universitätskirche sowie die Dreifaltigkeitskirche desselben Baumeisters. Im gotischen Stil hingegen gibt es noch die sehr ansehnliche Franziskanerkirche, die zum gleichnamigen Kloster gehört und kurz nach der Geburt Christi entstanden ist.

Nach den Kirchen widmen wir uns nun den Burgen, Festungen und anderen Prachtbauten, die Salzburg zu bieten hat. Zu beginnen ist dabei mit der Festung Hohensalzburg, welche auf dem Stadtberg oberhalb der Altstadt liegt. Die ersten Teile wurden 1077 nach Christus gebaut und über die Jahre wurde die Festung immer wieder vergrößert und verändert. Heute bildet die Burg einen beliebten Publikumsmagneten und kann besichtigt werden. Dabei ist die Außenanlage kostenlos und lohnt sich schon allein wegen des Ausblicks über die Stadt. Aber auch die Innenräume wurden in ihrer ursprünglichen Nutzung nachgestellt und können auf Führungen erkundet werden.

Des Weiteren ist das Schloss Mirabell bei Touristen sehr beliebt und dieses auch zu Recht. Hierbei handelt es sich um einen barocken Bau aus dem

Jahre 1642, der von Fürsterzbischof Wolf Dietrich in Auftrag gegeben wurde und das besonders aufgrund seiner großen, filigran gestalteten Gartenanlagen Berühmtheit erlangte. Aber erst in den Jahren 1721 bis 1727 wurde das Schloss in den barocken Stil umgewandelt, vom Baumeister Johann Lucas von Hildebrandt.

Nach einem großen Feuer wurde es unter Kaiser Franz I wiederaufgebaut und steht seitdem in unveränderter Form am Rande der Altstadt. Berühmte Persönlichkeiten wie Otto von Bayern, der spätere König von Griechenland, wurden hier geboren oder haben hier gelebt. Erst im Jahre 1866 gelang das Schloss in den Besitz der Stadt und wurde so zeitweise zum Sitz des Bürgermeisters erkoren, bevor dieser ins heutige Rathaus umzog.

Dadurch, dass der Eintritt frei ist, kann man sich beliebig lange und häufig im Inneren aber auch außerhalb des Schlosses aufhalten. Schon der Vorplatz verdeutlicht, dass es sich hierbei um einen herrschaftlichen Prunkbau handelt. Besonders sehenswert im Gemäuer ist der Marmorsaal, der ehemalige Festsaal des Fürsterzbischofs, in dem schon die Kinder von Leopold Mozart, Wolfgang und Nannerl musiziert haben. In den Saal gelangt man dabei über eine prächtige Engelstreppe, die von kunstvollen Tauben gesäumt ist. Diese passen perfekt zur aktuellen Nutzung des Saals, denn hier finden neben Tagungen und Festen auch Trauungen statt. In den hinteren Räumen sind bis heute noch Büros der Stadtverwaltung untergebracht. Auch die eigene Schlosskirche ist im barocken Stil gehalten und mit sehr viel Gold überzogen, was sie heute sehr sehenswert macht.

Wer sich den Garten anschaut, sollte sich viel Zeit nehmen, um all die denkwürdigen Bauten zu bewundern. Zum einen steht dort der Pegasusbrunnen mit einer Pferdeskulptur von Kaspar Gras von 1913. Außerdem gibt es noch das Springbrunnenbecken unter dem Namen Große Fontäne, die mit vier Figurengruppen passend zu den vier Elementen bestückt ist. Zudem gibt es noch eines der ältesten Heckentheater Europas zu entdecken, das im Sommer auch immer noch benutzt wird, einen Zwerglgarten des Erzbischofs Johann Ernst Graf Thun mit 17 Zwergen aus weißem Untersberger Marmor, einen Rosengarten und eine Orangerie, die heute als Palmenhaus dient.

Ein weiteres Schloss am Rande der Altstadt ist das Schloss Leopoldskron, welches 1736 erbaut wurde und der Familie von Leopold Anton Freiherr von Firmian als Familiensitz diente. Das Schloss diente später als Treffpunkt von Kunst- und Kulturbegeisterten, weshalb auch hier die Salzburger Festspiele gegründet wurden. In dem Klassiker „Sounds of Music" diente es dann später als Kulisse. Heute ist das Schloss nur von außen zu besichtigen, außer man verfügt über das nötige Kleingeld und kann sich eines der edlen Zimmer zum Übernachten leisten. Ansonsten werden hier auch heute noch diverse Kulturveranstaltungen abgehalten.

Ein weiteres barockes Lustschloss, mit einer beinahe ebenso schönen Gartenanlage wie die im Schloss Mirabell, ist das Schloss Hellbrunn, welches nach italienischem Vorbild entstanden ist. Auch hier gibt es einen prunkvollen Festsaal, den man besichtigen kann. Ein besonderes Highlight sind aber die Wasserspiele Hellbrunn, die mit zahlreichen beweglichen Figuren bestückt sind und mit vielen kleinen Skulptur geschmückten Grotten versehen sind. Außerdem gibt es eine Vielzahl von verschiedenen Gärten wie den manieristischen Ziergarten, der eine

Fichtenallee und einen See beinhaltet. Außerdem gibt es den Jagdgarten, der den Hellbrunner Berg miteinbezieht und unter anderem auch Spielplätze für Kinder beherbergt, den sakralen Garten, in dem man die Natur unberührt ließ, um die Schöpfung Gottes zu ehren und den Landschaftsgarten, der mit aufwendigen Bouquets und Hecken verziert ist. Ein Teil des Gartens gehört heute auch dem Salzburger Zoo, der ebenfalls ein Erlebnis gerade für Jüngere bietet.

Weitere Schlösser, die bei einem längeren Aufenthalt auch zu besichtigen wären, sind Schloss Goldenstein, zu dem man auch gut wandern kann, da es etwas höher oberhalb der Stadt liegt, oder das Schloss Anif.

Ein Pflichtbesuch, den man in Salzburg absolvieren muss, ist das Geburtshaus vom berühmten Musiker und Komponisten Wolfgang Amadeus Mozart, das Hagenauer Haus. Hier wurde er am 27. Januar 1756 geboren und lebte für 26 Jahre hier, bevor es zum Umzug ein paar Straßen weiter kam, weil die Wohnung zu klein wurde. Seit 1880 betreibt die Internationale Mozart-Stiftung hier ein Museum und das Haus hat sich zu einem beliebten Fotomotiv etabliert. Seine Familie lebte 1773 bis 1783 im Tanz-meisterhaus am heutigen Marktplatz. Die Familie kam aus Wien und hatte Freunde in der Stadt, als sie in die Acht-Zimmer-Wohnung einzogen. Wolfgang Amadeus Mozart zog zehn Jahre später dann zurück nach Wien, während der Vater nach dem Tod seiner Frau allein in der Wohnung zurückblieb. Heute befindet sich im Haus ein Museum, welches 1996 seine Wiedereröffnung feierte. Hier sind Mozarts Hammerklavier und Originaldokumente sowie Porträts des Künstlers ausgestellt.

Wem nach all den Besichtigungen nach etwas Ruhe zu Mute ist, der kann sich im Renaissancegarten oder dem Mirabellengarten entspannen. Hier finden zudem auch immer unterschiedliche, interessante Märkte statt, über die man schlendern kann und welche von kleinen Cafés gesäumt sind. Eine besondere Empfehlung ist dabei das Café Alchemie, welches in einem sehr eleganten, etwas altmodischen Stil daherkommt oder das Café am Kai, welches durch die schöne Lage direkt am Fluss Salzach besticht. Wem eher nach einer italienischen Auszeit zu Mute ist, der kann dem Bellinis einen Besuch abstatten, wobei es sich um eine kleine, hippe Café-Bar handelt, die sich nicht unweit des Mirabellengartens befindet. Auch an den zentralen Plätzen wird man fündig, wenn man für eine Pause einkehren möchte, wie auf dem sehr eleganten Mozartplatz.

Zum Abschluss noch ein Tipp für diejenigen, die sich länger in der Stadt aufhalten: In der Tourismusinformation und online kann man die Salzburg Card erwerben, mit der man viele Vergünstigungen und kostenlose Eintritte in die Museen bekommt. Außerdem muss man sich nicht an der Kasse anstellen und kann die öffentlichen Verkehrsmittel kostenfrei nutzen.

MITTERSILL

Mittersill ist mit seinen 5.431 Einwohnern ein kleines Städtchen, was aber noch nichts über dessen Qualität aussagt. Hier gibt es einige Shoppingmöglichkeiten, allerdings ist das Städtchen eher etwas ruhiger, sodass man zwar entspannt bummeln kann, aber keine großen Kaufhäuser erwarten sollte. Wer sich für einen Besuch entscheidet, der hat besonders im Winter Glück, weil der kleine, aber sehr liebevoll und nostalgisch gestaltete Weihnachtsmarkt zu dieser Zeit die Stadt verzaubert.

Außerdem starten im Winter von hier aus Schlittenfahrten mit Pferden, die ebenfalls ein wunderschönes Erlebnis bieten. Aber auch wer außerhalb der kalten Monate zu Besuch kommt, kann hier einiges sehen und erleben. So gibt es hier zum einen die Pfarrkirche St. Leonhard aus dem 13. Jahrhundert, mit einem ansehnlichen Zwiebelturm, und zum anderen die St. Anna Kirche aus dem 18. Jahrhundert im Rokokostil. Die St. Nikolas Filialkirche bestimmt durch seine prächtige Ausstattung im barocken Stil. Besonders sehenswert ist aber das Heimatmuseum, welches sich im 900 Jahre alten Felberturm im Ortsteil Felben befindet. Hier werden Themen wie

Geologie und Alpinismus auch für Kinder zugänglich gemacht. Wer sich nach etwas Abwechslung sehnt, der findet in Mittersill ein riesiges Freibad vor und zudem mehrere Tennisfelder.

Außerdem ist Mittersill Startpunkt diverser Anbieter für Paragliding Flüge, die auch schon mit Kindern und unerfahrenen Menschen möglich sind, und vor allem eine einmalige Sicht auf die Bergwelt Salzburgs bieten. Wer zudem von hier ganz nostalgisch reisen möchte, im besten Falle bis nach Krimml, um den Wasserfällen dort einen Besuch abzustatten, der kann sich hier in eine der nostalgischen, alten Lokalbahnen setzten, die noch mit Dampf fahren und entspannt die Gegend genießen, während man an sein Ziel kommt. Da die Strecke direkt durch die Natur geht, lohnt es sich auf jeden Fall, auch ohne Ziel eine Runde mitzufahren.

Ansonsten eignet sich die Stadt auch als Ausgangspunkt für jegliche Ausflüge in die umgebende Bergwelt. Und wer jetzt immer noch nicht überzeugt ist, der sollte wissen, dass sich der Besuch von Mittersill schon allein wegen der Eisdiele auf dem Marktplatz lohnt. Denn hier gibt es leckere Kreationen und der Gast kann aus über hunderten von verschiedenen Eisbechern auswählen.

ZELL AM SEE

Zell am See ist zusammen mit Kaprun vor allem als Ausgangspunkt für einen Skiurlaub beliebt. Doch auch wer außerhalb der Wintersaison herkommt oder in dieser mal nicht auf den Berg möchte, kann sich hier gut die Zeit vertreiben. Zum einen bietet die Altstadt viele historische Gebäude und kleine verschlungene Gassen, die zu einem Stadtbummel einladen. Einige der Gebäude stammen noch aus dem Mittelalter, wie die Stadtpfarrkirche St. Hippolyt, der Vogelturm oder die Alt Propstei.

Das Wahrzeichen der Stadt ist das heutige Rathaus, das sich seit 1970 im Schloss Rosenberg befindet, welches vorher im Privatbesitz war. Auch interessant ist das Ferry Porsche Congress Center, ein Neubau, der vor allem für Veranstaltungen genutzt wird und nach dem Ehrenbürger Ferry Porsche benannt wurde, der auch der Gründer des gleichnamigen Automobilherstellers ist und in Zell am See geboren wurde. Auch wenn man nicht willens ist, im Grand Hotel zu übernachten, so ist das ehrwürdige

Haus doch ein schönes Fotomotiv direkt am See. Des Weiteren bietet sich auch eine Schifffahrt auf dem See an, welche auf eine lange Tradition zurückblickt. Im Nachhinein kann man noch in einem der fünf Freibäder entspannen. Wem nicht nach Schwimmen zu Mute ist und sich lieber in den Schatten eines Baumes zurückziehen möchte, geht für ein Picknick in einen der vielen Parks in Zell am See. Besonders der Schlosspark und der Stadtpark im Zentrum eignen sich dafür hervorragend.

Kultur erleben

Neben den großen Städten gibt es aber auch noch weitere Möglichkeiten, in den Genuss von Kultur zu kommen. Denn auch etwas abseits von den denkwürdigen Ansammlungen an Bauten gibt es einiges zu erleben. Teilweise lassen sich die Museen ganz einfach mit einem Städtetrip verbinden, teilweise lohnt sich aber auch die Anfahrt in eine etwas einsamere Gegend. Um bei dem Hauptthema Natur zu bleiben, welches die Region so prägt, ist die erste Empfehlung die historische Kupferzeche am Larzenbach mit Namen „Erz, Gold und Minerale". Denn dort, wo es Berge gibt, gibt es auch besondere

Steine und in Salzburg ist deren Abbau sehr populär. Hier können Sie nicht nur etwas über die Entstehung lernen, sondern sich auch die Gestaltungskraft der Natur in aller Pracht ansehen.

Auch das Museum in Bramberg, unter dem gleichen Namen, hat sich auf Kristalle spezialisiert und stellt ein paar ganz besondere Exemplare aus, die jeden zum Staunen bringen. Eine etwas andere Art von Naturphänomen stellt die Eisriesenwelt Werfen in den Mittelpunkt. Man kann eine Ende des 19. Jahrhunderts erforschte Eishöhle durchwandern und dabei allerhand Wissenswertes lernen. Dabei fährt man mit einer Seilbahn auf den Berg und durchläuft die Höhle in Gruppen. Wichtig ist, an warme Kleidung zu denken, und zudem ist zu beachten, dass die Höhle sehr beliebt bei Touristen ist, weshalb mit teils langen Wartezeiten während der Hauptsaison zu rechnen ist. Die Führungen starten dabei halbstündlich und eine vorherige Reservierung ist außer bei größeren Gruppen leider nicht möglich, weshalb man genügend Zeit einplanen sollte.

Neben dem Tourismus haben die Einwohner Salzburgs auch noch einen kleinen anderen wirtschaftlichen Zweig: Den Salzabbau, den der Name ja schon nahelegt. Die Hintergründe und Historie dazu kann man sich im Salzbergwerk Berchtesgarden anschauen, das auch besonders für Jüngere gut geeignet ist, da es allerhand interaktive Aktionen bereithält.

Wer sich nicht für Geschichte interessiert, für den hält Salzburg natürlich auch einige sehenswerte Burgen, Schlösser und Klöster bereit. Eine, welche man auf jeden Fall besuchen sollte, ist Burg Mauterndorf in der gleichnamigen Ortschaft im Lungau. Bereits im vierten Jahrhundert gab es an diesem Ort eine Mautstelle, die an der Römerstraße gelegen war, welche von Obertauern in die heutige Stadt Salzburg führte. Im Jahre 1253 wurde dann dort zum Schutz der Marktgemeinde eine Burganlage errichtet. Bis auf eine Erweiterung im 15. Jahrhundert ist die Burg noch genau so erhalten geblieben und ist heute ein besonderes historisches Bauwerk.

Neben der Anlage, die auch von innen zu besichtigen ist, beheimaten die Räume außerdem auch das Lungauer Landschaftsmuseum, ein regionales Kulturzentrum und wechselnde Ausstellungen. Es lohnt sich auf jeden Fall, bereits online ein Ticket zu erwerben, da dies deutlich günstiger ist und auch die

Besichtigung des Wehrturms miteinbezieht. Eine weitere Burg, die das Kulturherz erfreut, ist die Burg Hohenwerfen in Werfen, ungefähr 40 km von der Stadt Salzburg entfernt. Sie wurde ehemals als Wehranlage für den damaligen Erzbischof im Jahre 1077 gebaut.

Mit der Zeit hatte sie dann Epochen des Aufschwungs und der Verwahrlosung miterlebt, bevor sie 1987 dem Land Salzburg angehörte und zum touristischen Zwecke genutzt wurde. So kann man heute die Innenräume besichtigen, in denen auch wechselnde Sonderausstellungen untergebracht sind. Zudem gibt es auf dem Gelände ein großes Falknereimuseum und tägliche Flugvorführungen des historischen Landesfalkenhofes. Das Schloss ist vom Parkplatz aus sowohl zu Fuß als auch mit einem eigenen Lift im Felsen zu erreichen.

Auch hier lohnt es sich wieder, die Tickets vorher online zu kaufen, da dies diverse Vergünstigungen bereithält. Zu guter Letzt gibt es noch ein Angebot speziell für Kulturreisende: Die Österreichische Romantikstraße. Sie verbindet Salzburg mit Wien und kann sowohl mit dem Auto als auch mit dem Fahrrad befahren werden, in jedem Fall aber über mehrere Etappen. Dabei durchquert man 14 Städte und kleine Orte und kommt an unzähligen, besonders sehenswerten historischen oder kulturell wertvollen Orten vorbei. Neben Burgen und Schlössern werden auch die Museen und einige besondere Naturhighlights miteinbezogen. Wer diese Straße entlang reist nimmt auf jeden Fall alles Sehenswerte mit und je nachdem wie viel Zeit man einplant, kann man auch noch die Umgebung abseits der Sehenswürdigkeit erkunden. Somit hat die Romantikstraße für jeden etwas zu bieten.

Ein weiteres Kulturhighlight sind die jährlichen Salzburger Festspiele in der Stadt Salzburg. Diese 1920 von Hugo von Hofmannsthals, Max Reinhardt und Richard Strauss gegründete Attraktion vereint Schauspiel, Oper und Konzerte miteinander und jedes Jahr gibt es ein wechselndes Programm, das nicht nur in der Salzburger Hofstallgasse zuhause ist, sondern die gesamte historische Altstadt nutzt, um den Menschen Musik und Kunst näherzubringen. Die Stücke sind abwechslungsreich, von Klassikern bis zu modernen Inszenierungen lässt sich für jeden etwas finden. Auch preislich gibt es Karten in jeder Kategorie. Vorher zu buchen lohnt sich allemal, da die Karten stets sehr schnell ausverkauft sind. Ansonsten kann man aber auch mit viel Glück noch an der Abendkasse stark verbilligte Karten erhalten.

Einwohner und Tradition

Durch die Geschichte der Region sind auch die Einwohner und Traditionen in Salzburg stark von Bayern und dem Rest Österreichs, insbesondere Wien, beeinflusst. Das zeigt sich insbesondere bei der Kulinarik. So kann man hier gepflegt ein Wiener Schnitzel mit Pommes essen, aber auch Brezel und Schweinshaxen sind in jedem bürgerlichen Restaurant zu bekommen. Auch bei den Traditionen findet man viele Gemeinsamkeiten, schon allein deshalb, weil das Land ebenfalls sehr stark christlich geprägt ist und somit viele Feste und Feierlichkeiten gleich oder sehr ähnlich durchführt. Nichtsdestotrotz gibt es bei genauerem Hinsehen aber auch feine Unterschiede und gerade diese machen das Land zu etwas Besonderem und Einzigartigem.

Bleibt man bei der landestypischen Küche, so fängt man am besten gleich mit dem Nachtisch an. Denn eine Erfindung, auf die die Einwohner besonders stolz sind, ist die Mozartkugel. Diese besteht aus Schokolade, Marzipan und Pistazien und obwohl es viele Nachahmer gibt, schmeckt nur diese, genauso wie die „echte" Mozartkugel zu schmecken hat und wird noch heute nach dem Originalrezept gefertigt. Dieses hat der Konditor Paul Fürst zu Ehren des wohl berühmtesten Bürgers der Stadt im Jahre 1890 entwickelt. Deshalb heißt die Mozartkugel auch eigentlich „Salzburger Mozartkugel" und wird explizit im Café Fürst in Salzburg angeboten. Wer die kleine Schokonascherei mag, der sollte während seines Urlaubes einmal dort vorbeischauen, allein schon wegen des Flairs. Aber auf jeden Fall ist dies auch ein gutes Mitbringsel für die Daheimgebliebenen. Natürlich gibt es neben der Mozartkugel aber noch andere

Gerichte, die Sie so nur hier finden werden. Dabei liegt der Schwerpunkt vor allem auf Mehlspeisen, die hier nicht nur als schnöder Nachtisch verzehrt werden, was aber auch an den enormen Portionsgrößen liegen kann. Viele davon werden bereits mit ganz Österreich verbunden, wie der Kaiserschmarrn (traditionell mit Rumrosinen), der Apfel- oder Topfenstrudel, der besonders auf den Berghütten einen wahren Gaumenschmaus darstellt, die Germknödel, gefüllt mit Pflaumenmus und mit Mohn oder aber auch die Buchteln mit Aprikosen oder Erdbeermarmelade.

Etwas ganz Besonderes, was es so tatsächlich nur hier gibt, sind aber die Salzburger Nockerl und der Palatschinken. Bei Ersterem handelt es sich um ein Eiweißgebäck, welches im Ofen gebacken und dabei mit Milch und Vanillezucker übergossen wird. Es wird sofort serviert, da es sonst zusammenfällt, und das meistens mit Puderzucker oder als Variante auch mit warmer Himbeersoße. Palatschinken, ein dünner Fladen, der sich am ehesten zwischen Crêpe und Pfannkuchen einordnen lässt, wird traditionell mit Marillenmarmelade bestrichen und zu kleinen Dreiecken gefaltet. Dadurch, dass die Portion sich auf zwei Stück beschränkt, ist es wohl auch die einzige Mehlspeise, die nach einer Portion Pinzgauer Kasnocken noch in den Magen passt.

Letzteres ist nämlich auch eine Spezialität, die es tatsächlich in die Kategorie Hauptgericht geschafft hat. Das Gericht ist den typischen Käsespätzle nicht unähnlich, jedoch werden die Nudeln etwas anders zubereitet und der Käse ist sehr viel kräftiger als der Durchschnittliche. Was Sie ansonsten kulinarisch noch erwarten können, sind Speisen mit Zutaten aus der Region und der Saison. Im Herbst können Sie sich so auf eine Vielzahl von Wildgerichten einstellen und auch die verschiedensten Pilzsorten werden Sie auf den Speisekarten der Restaurants erblicken.

Besonders bei der Getränkewahl ist noch der Obstler. Eine Art Schnaps, den viele Familien immer noch traditionell selbst brauen, weshalb eigentlich jeder Gasthof seine eigenen Sorten führt. Er wird als „Absacker" am Ende der Mahlzeit getrunken und ist sehr beliebt. Ansonsten ist ein weiteres, beliebtes alkoholisches Getränk das Radler, welches hier ebenfalls frisch vom Fass gezapft wird.

Wem der kulinarische Genuss gleich eine ganze

Reise wert ist, der sollte auf jeden Fall der Via Culinaria Beachtung schenken. Diese erst kürzlich eingeführten neun Wege führen quer durchs Salzburger Land und verbinden dabei über 300 ausgewählte Restaurants miteinander. Vorher kann man sich dabei bereits auf einen Weg festlegen, die Kategorien entsprechen wie Fisch, Bio oder Kräuter. Doch nicht nur die Speisen in den ausgewählten Lokalen sind einen Besuch wert, auch auf die Lage und das Ambiente wurde geachtet, sodass Sie von der Berghütte bis zum Seerestaurant alles dabeihaben.

Wer auf der Suche nach einem guten Restaurant ist, kann natürlich im Internet ein großes Angebot finden, hier aber ein paar Vorschläge, die Ihnen die Auswahl erleichtern sollen.

Wer ein gehobenes Restaurant sucht, der sollte es mit „The Glass" versuchen. Das Lokal befindet sich im Monchsberg Park 26 in Salzburg und verbindet traditionelle Speise mit exquisiter Küche. Zudem ist auch das namensgebende Gebäude aus Glas sehr sehenswert und vermittelt einen edlen Eindruck. Die bürgerliche Küche können Sie in jeder Gemeinde und auf jeder Almhütte vorfinden. Wenn es aber ganz besonders gut sein soll, dann besuchen Sie einmal den Bärenwirt in der Mullner Main Street 8, ebenfalls in Salzburg. Hier ist die Küche immer noch traditionell, aber auf einem sehr guten, gehobenen Niveau. Nicht zuletzt darf auch die Empfehlung einer Pizzeria nicht fehlen, hat Österreich und auch Salzburg durch die Nähe zu Italien da doch auch sehr gute hervorgebracht. So bietet die Paletti Pizza Bar in der Wilhelm-Fazokasstraße 15b in Kaprun alles, was das italienische Herz begehrt und das zu einem fairen Preis und in lockerer Atmosphäre.

Kommen wir nun zu den angekündigten Traditionen. Neben den schon erwähnten christlichen Festen gibt es einige landestypische Feierlichkeiten, denen man auch als Tourist beiwohnen kann. So ist das zum Beispiel der Dirndlgwandsonntag am zweiten Sonntag im September, zu diesem Sie, wie es der Name schon verrät, auf jeden Fall Ihre Tracht tragen sollten. Hier wird nämlich die traditionelle Kleidung gefeiert, mit Messen und Straßenfesten. Am besten Sie erkundigen sich vorher in Ihrer Unterkunft oder bei den Einwohnern, wo das bei Ihnen im Ort geschieht oder fahren in eine der größeren Städte. Zusätzlich gibt es noch das Wasserscheibenschießen am Lungauer Prebersee am dritten

Augustwochenende. Bei dieser schwer erklärbaren Sportart geht es um das Schießen auf Scheiben, welche über das Wasser geworfen werden, allerdings mit zusätzlichen vielen komplexen Regeln. Da es sich inzwischen jedoch zu einer Art Volksfest entwickelt hat, ist ein Besuch auf jeden Fall empfehlenswert. Ansonsten gibt es immer wieder kleine lokale Feierlichkeiten, über die Sie sich am besten vor Ort informieren. Was Sie aber auf jeden Fall noch erleben sollten und was Sie auch werden, wenn Sie außerhalb der Wintersaison in einer Gemeinde übernachten, ist der Almabtrieb. Jeden Abend werden die Kühe von der Alm in den Stall getrieben und blockieren die Straßen. Wenn man gerade im Auto sitzt und ein Ziel erreichen möchte, kann dies zwar sehr ärgerlich sein, jedoch sollten Sie dann trotzdem versuchen, sich zurückzulehnen und dieses Spektakel genießen. Wenn Sie einen Bauern als Nachbarn haben oder Kinder, sollten Sie unbedingt einmal nachfragen, ob Sie mitlaufen dürfen, das wird meist freudig bejaht.

Eine weitere Tradition in Salzburg ist besonders für Pferdeliebhaber interessant, denn die Menschen dort haben eine eigene Zuchtlinie gegründet, die es noch heute nur dort gibt: Die Noriker Pferde. Es handelt sich dabei um ein kräftiges, mittelschweres Gebirgskaltblut, dessen Ursprung nicht eindeutig belegt ist. Fest steht jedoch, dass es bereits seit vielen Jahren gezüchtet wird und noch heute ein großer Stolz der Region ist. Viele Höfe besitzen nebenbei noch eine eigene kleine Zuchtlinie, auch wenn die Tiere heute nicht mehr für den eigentlichen landwirtschaftlichen Gebrauch eingesetzt werden. Allerdings gibt es unglaublich viele Wettbewerbe und Auszeichnungen für diverse Fähigkeiten und Aussehen, die davon zeugen, welche Rolle diese Pferderasse noch heute für die Menschen der Region spielt.

Zu den Menschen, deren Heimat Salzburg ist, kann man zwar einige Aussagen geben, jedoch sollte sich jeder ein eigenes Bild machen. Generell gilt, dass die meisten hier schon seit Generationen leben und tief mit der Region verwurzelt sind. Zugezogene gibt es wenige, höchstens in der Landeshauptstadt und da auch vor allem Studenten, welche die Universität besuchen. Durch die landwirtschaftliche Prägung der Region und das Fehlen von Industrie sind die meisten Menschen entweder im Agrarsektor oder der Tourismusbranche tätig. Ein Großteil muss ansonsten in die größeren Städte pendeln. Die Menschen der Region sind Besuchern sehr offen gegenüber, da sie, wie bereits erwähnt, von ihnen abhängig sind. Jedoch gibt es besonders in den Gemeinden eine gewisse Skepsis gegenüber Ausländern, wobei aber insbesondere Deutsche nicht als solche betrachtet werden.

Fremdsprachen sprechen zwar die wenigstens Einheimischen, aber zur Not kann man sich mit Händen und Füßen austauschen. Generell gilt wie überall: Wer offen gegenüber den Einwohnern ist und sich interessiert zeigt, wird auch willkommen geheißen. Nichtsdestotrotz hat die Region natürlich teilweise in der Hauptsaison mit „Overtourism" zu kämpfen, was von vielen Einwohnern nicht gut aufgenommen wird. Die Lebensart ist einfach immer noch sehr ländlich, weshalb moderne Entwicklungen von einigen kritisch beäugt werden und es beispielsweise dazu gehört, abends ein Glas Bier oder einen „Absacker", sprich einen Schnaps oder Obstler, zu trinken. Natürlich trifft das aber nicht auf jeden zu, weshalb man sich am besten ein eigenes Bild macht.

Anreise und Übernachtung

Österreich hat als Nachbarland von Deutschland den Vorteil, dass es nicht allzu weit entfernt ist. Das bedeutet, dass man eigentlich von ganz Deutschland aus bequem mit dem Auto oder dem Zug anreisen kann. Mit dem Zug erreicht man Salzburg beispielsweise bereits in 1 ½ Stunden, wer allerdings aus Mittel- oder Norddeutschland kommt, sollte die Preise für die Fahrt mit Zug oder Auto einmal mit denen der Flüge vergleichen. Da Flugtickets inzwischen bereits für sehr wenig Geld zu haben sind, kann es sich preislich mehr lohnen, vor allem da Salzburg auch einen internationalen Flughafen hat. Die Anreise mit dem Auto ist jedoch zu präferieren, damit man in Salzburg nicht auf die öffentlichen Verkehrsmittel angewiesen ist.

Da die Infrastruktur außerhalb der großen Städte sehr schlecht ist, ist es sinnvoll, sich bei einer Anreise ohne Auto für einen Leihwagen zu entscheiden. Wer allerdings ganz darauf verzichten möchte, muss seinen Trip vorher genau planen und sollte am besten als Ausgangspunkt eine Großstadt wie Salzburg wählen, da hier noch am meisten Verkehrsanbindungen vorhanden sind. Die anderen großen Städte sind dadurch gut zu erreichen und ansonsten sollte man sich erkundigen, wie die Wander- oder Skibusse fahren. Aber gerade außerhalb der Hauptsaison wird das sehr schwierig. Ansonsten benötigt man von Bayern aus ungefähr drei und von NRW sieben Stunden mit dem Auto.

Übernachtungsmöglichkeiten gibt es in Salzburg sehr viele, da die Tourismusbranche ökonomisch die ertragreichste ist. Gerade in Salzburg, der Landeshauptstadt, gibt es ausgesprochen viele Angebote in jeder Preisklasse. Wer es besonders